WMS-15-031
Solo Alto Saxophone and Piano

MECHA MOTE SERIES

サックスプレイヤーのための新しいソロ楽譜

めちゃモテ・サックス～アルトサックス～

ハナミズキ Hanamizuki

一青 窈 Yo Hitoto

作曲：マシコタツロウ Mashiko Tatsuro

編曲：萩原 隆、田中和音 Arr. by Takashi Hagihara, Kazune Tanaka

演奏時間：4分05秒

◆演奏のポイント◆

譜面的な難易度は高くありませんが、どれだけ雰囲気を出せるかが、こういった曲の見せ所です。オリジナルの歌がとてもムーディーですので、その雰囲気に近づけるように演奏すると良いと思います。できれば口で歌ってみて流れをつかむ方が近道かもしれません。2拍3連のメロディーがぎこちなくならないように、スムーズな歌を心がけましょう。

ムードを出すためにはピッチベンドが不可欠です。苦手な方はこの機会に習得できるように頑張ってください。まずは口で音程を自由に下げられるように練習しましょう。

パート譜は切り離してお使いください。

ハナミズキ
Hanamizuki

Mashiko Tatsuro Arr. by Takashi Hagihara, Kazune Tanaka

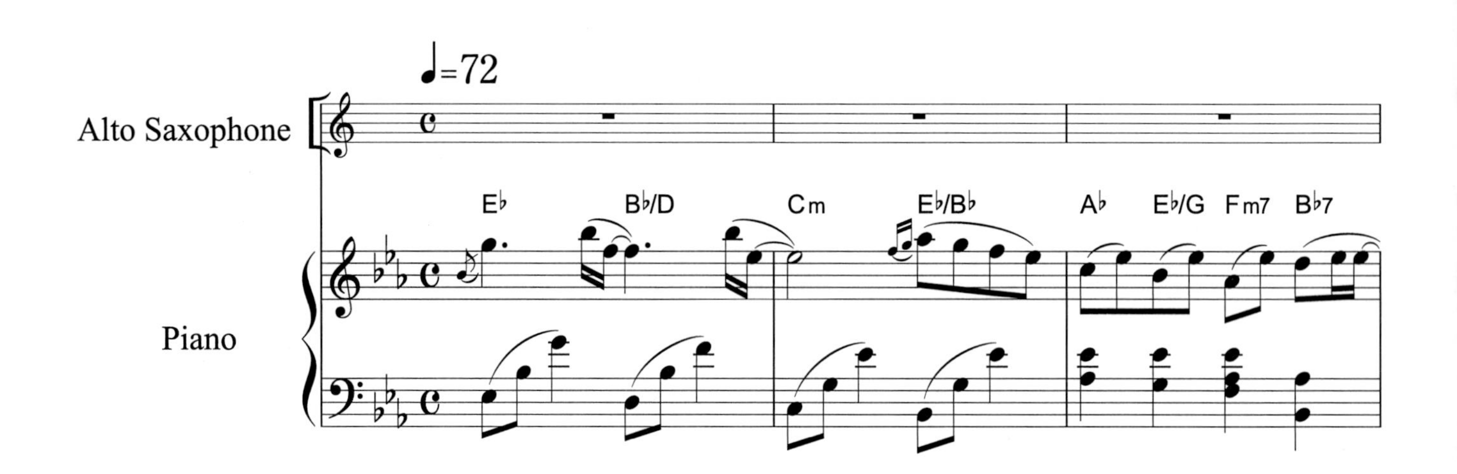

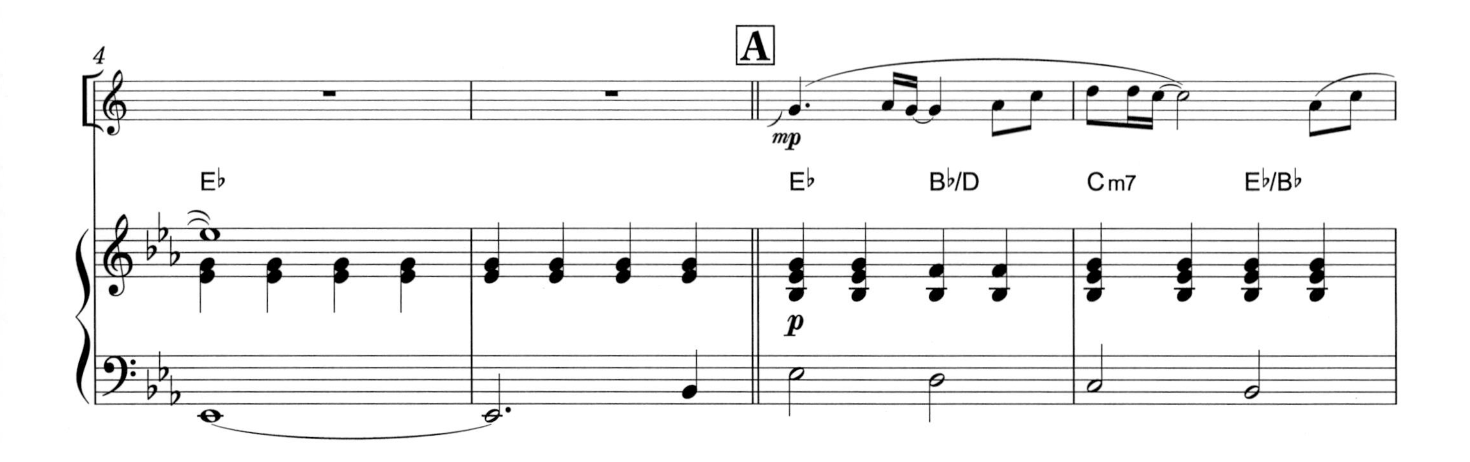

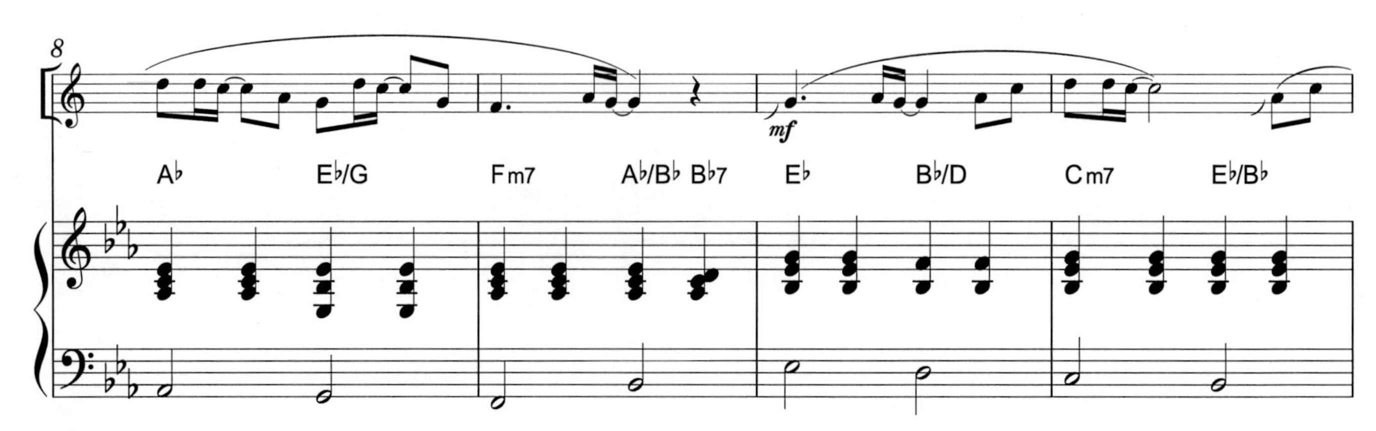

© 2003 by NIPPON TELEVISION MUSIC CORPORATION
& T-PRODUCTS ¥ PUBLISHERS
& COLUMBIA SONGS, INC.
& dajia Inc.

12
B
A♭ E♭/G Fm7 B♭7 E♭ A♭/E♭ E♭ E♭/G A♭6
mp
15
B♭7 C♭dim7 Cm7 B♭ E♭/G A♭6 B♭7 Cm7 B♭/D E♭ Fm7/B♭
mf
f
18
C
E♭ Dm7(♭5) G7(♭9) Cm7 B♭m9 E♭9 A♭△7 E♭/G
f
21
Fm7 A♭/B♭ B♭7 E♭ Dm7(♭5) G7(♭9) Cm7 B♭m9 E♭9

NO COPY

Winds Score
WMS-15-031

NO COPY

パート譜は切り離してお使いください。

Alto Saxophone

ハナミズキ

Hanamizuki

Mashiko Tatsuro Arr. by Takashi Hagihara, Kazune Tanaka

E
36
C G/B Am7 C/G F C/E Dm7 F/G G7
40
C G/B Am7 C/G F C/E Dm7 G7 C F/C C
mf f mp
F
44
C/E F6 G7 A♭dim7 Am7 G C/E F6 G7 Am7 G/B C Dm7/G
mf f
G
48
C Bm7(♭5) E7(♭9) Am7 Gm9 C9 F△7 C/E Dm7 F/G G7
52
C Bm7(♭5) E7(♭9) Am7 Gm9 C9 F△7 C/E Dm7 F/G G7
H
56
C Bm7(♭5) E7(♭9) Am7 Gm9 C9 F△7 C/E Dm7 F/G G7
60
C Bm7(♭5) E7(♭9) Am7 Gm9 C9 F△7 C/E Dm7 F/G G7
I
64
C Bm7(♭5) E7(♭9) Am7 Gm9 C9 F△7 C/E Dm7 F/G
mf f
rit.
68
C G/B Am C/G F C/E Dm7 G7 C
mp

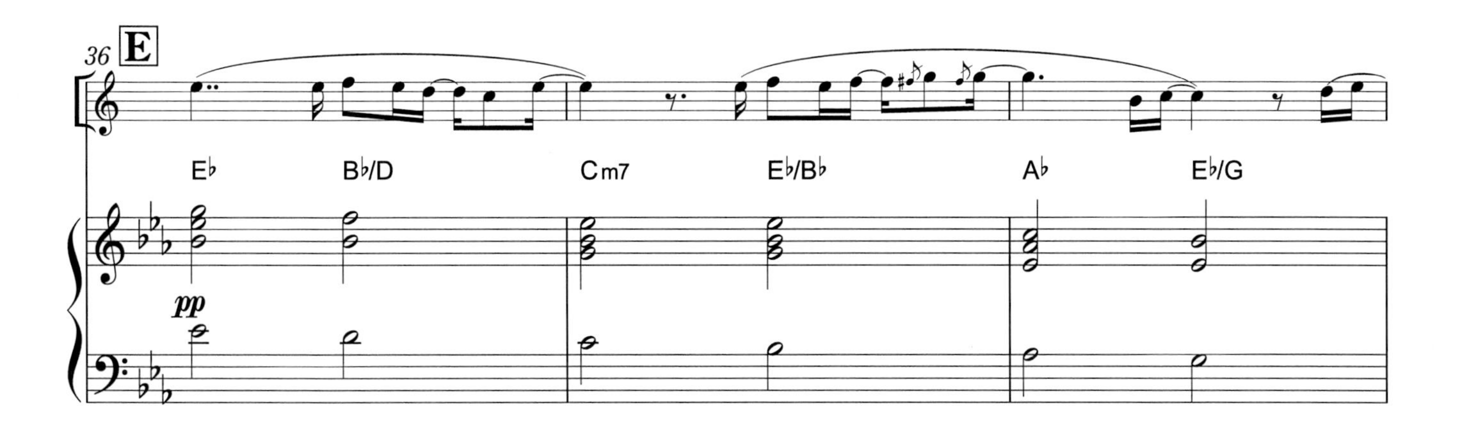
36
E
E♭ B♭/D C m7 E♭/B♭ A♭ E♭/G
pp

39
F m7 A♭/B♭ B♭7 E♭ B♭/D C m7 E♭/B♭
mf
f
p

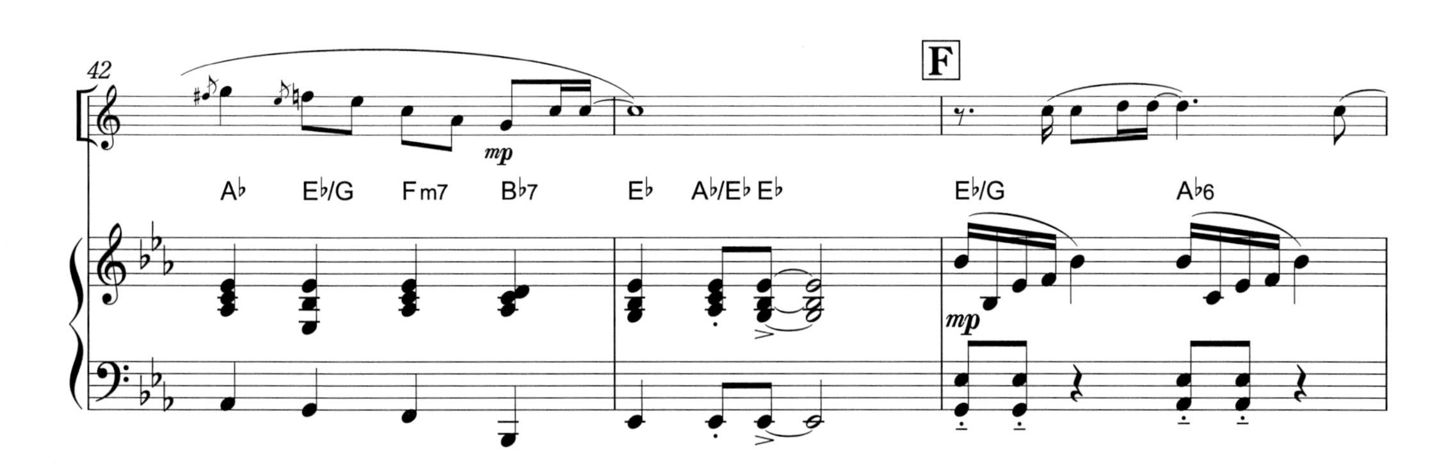
42
F
A♭ E♭/G F m7 B♭7 E♭ A♭/E♭ E♭ E♭/G A♭6
mp
mp

45
B♭7 C♭dim7 C m7 B♭ E♭/G A♭6 B♭7 C m7 B♭/D E♭ F m7/B♭
mf
f

G
E♭ Dm7(♭5) G7(♭9) Cm7 B♭m9 E♭9 A♭△7 E♭/G
f
Fm7 A♭/B♭ B♭7 E♭ Dm7(♭5) G7(♭9) Cm7 B♭m9 E♭9
H
A♭△7 E♭/G Fm7 A♭/B♭ B♭7 E♭ Dm7(♭5) G7(♭9)
Cm7 B♭m9 E♭9 A♭△7 E♭/G Fm7 A♭/B♭ B♭7
NO COPY
Winds Score
WMS-15-031

NO COPY
Winds Score
WMS-15-031

ご注文について

ウィンズスコアの商品は全国の楽器店、ならびに書店にてお求めになれますが、店頭でのご購入が困難な場合、当社WEBサイト・電話からのご注文で、直接ご購入が可能です。

◎当社WEBサイトでのご注文方法

winds-score.com

上記のURLへアクセスし、オンラインショップにてご注文ください。

◎お電話でのご注文方法

TEL.0120-713-771

営業時間内に電話いただければ、電話にてご注文を承ります。

※この出版物の全部または一部を権利者に無断で複製(コピー)することは、著作権の侵害にあたり、著作権法により罰せられます。

※造本には十分注意しておりますが、万一、落丁·乱丁などの不良品がありましたらお取り替えいたします。また、ご意見·ご感想もホームページより受け付けておりますので、お気軽にお問い合わせください。